河南省地方标准

装配式波形钢腹板梁桥技术规程

Technical specification for prefabricated bridges with corrugated steel web beam

DB 41/T 1526—2018

主编单位：河南省交通规划设计研究院股份有限公司
批准部门：河南省质量技术监督局
实施日期：2018 年 04 月 03 日

人民交通出版社股份有限公司

图书在版编目(CIP)数据

装配式波形钢腹板梁桥技术规程 / 河南省交通规划设计研究院股份有限公司主编. — 北京：人民交通出版社股份有限公司, 2018.6
ISBN 978-7-114-14664-0

Ⅰ.①装… Ⅱ.①河… Ⅲ.①腹板—公路桥—钢桥—桥梁工程—技术规范—中国 Ⅳ.①U448.14-65

中国版本图书馆 CIP 数据核字(2018)第 081870 号

书　　名：	装配式波形钢腹板梁桥技术规程
著 作 者：	河南省交通规划设计研究院股份有限公司
责任编辑：	卢俊丽
责任校对：	张　贺
责任印制：	张　凯
出版发行：	人民交通出版社股份有限公司
地　　址：	(100011)北京市朝阳区安定门外外馆斜街 3 号
网　　址：	http://www.ccpress.com.cn
销售电话：	(010)59757973
总 经 销：	人民交通出版社股份有限公司发行部
经　　销：	各地新华书店
印　　刷：	北京鑫正大印刷有限公司
开　　本：	880×1230　1/16
印　　张：	1
字　　数：	21 千
版　　次：	2018 年 6 月　第 1 版
印　　次：	2018 年 6 月　第 1 次印刷
书　　号：	ISBN 978-7-114-14664-0
定　　价：	20.00 元

(有印刷、装订质量问题的图书,由本公司负责调换)

DB 41/T 1526—2018

目　次

前言 II
1 范围 1
2 规范性引用文件 1
3 术语和定义 1
4 总则 2
5 材料 2
6 设计 3
7 计算 6
8 施工 7

I

前　言

本标准按照《标准化工作导则　第1部分：标准的结构和编写》（GB/T 1.1—2009）起草。

本标准由河南省交通运输厅提出并归口。

本标准起草单位：河南省交通规划设计研究院股份有限公司、河南省收费还贷高速公路管理中心、焦作市公路管理局、中交一公局第六工程有限公司、黑龙江农垦建工路桥有限公司。

本标准主要起草人：汤意、李斐然、杜战军、崔洪涛、吕小武、李小对、吕维前。

本标准参加起草人：袁波、王涛、魏俊锋、桑建设、刘闯、李尉敏、李庆贤、王燕、张存超、赵永伟、李攀、穆红运、康健、莫杰、郭福利、邢雪辉、孙东升、赵战涛、高波、李铎、高海军、李正文、郭小帅、郭晓光、张士红、张旭慧、郑丽、赵德强、陆新焱、刘亚杰、刘亚东。

DB 41/T 1526—2018

装配式波形钢腹板梁桥技术规程

1 范围

本标准规定了装配式波形钢腹板梁桥的总则、材料、设计、计算、施工。
本标准适用于跨径为20~70m的各等级公路桥梁,市政桥梁参照执行。

2 规范性引用文件

下列文件对于本文件的应用是必不可少的。凡是注日期的引用文件,仅注日期的版本适用于本文件。凡是不注日期的引用文件,其最新版本(包括所有的修改单)适用于本文件。

  GB/T 700 碳素结构钢
  GB/T 1228 钢结构用高强度大六角头螺栓
  GB/T 1229 钢结构用高强度大六角螺母
  GB/T 1230 钢结构用高强度垫圈
  GB/T 1231 钢结构用高强度大六角头螺栓、大六角螺母、垫圈技术条件
  GB/T 1591 低合金高强度结构钢
  GB/T 4171 耐候结构钢
  GB/T 10433 电弧螺柱焊用圆柱头焊钉
  GB/T 14683 硅酮和改性硅酮建筑密封胶
  GB 50728 工程结构加固材料安全性鉴定技术规范
  JTG D60 公路桥涵设计通用规范
  JTG D62 公路钢筋混凝土及预应力混凝土桥涵设计规范
  JTG D64 公路钢结构桥梁设计规范
  JTG/T F50 公路桥涵施工技术规范
  JTG F80/1 公路工程质量检验评定标准 第一册 土建工程
  JTG F90 公路工程施工安全技术规范
  JT/T 722 公路桥梁钢结构防腐涂装技术条件
  JT/T 784 组合结构桥梁用波形钢腹板
  JC/T 482 聚氨酯建筑密封胶
  JC/T 483 聚硫建筑密封胶
  DB 41/T 643 公路波形钢腹板预应力混凝土箱梁桥设计规范

3 术语和定义

下列术语和定义适用于本文件。

3.1
波形钢腹板梁 corrugated steel web beam
由混凝土板与波形钢腹板通过抗剪连接件构成的组合结构梁。

3.2
预制波形钢腹板梁 precast corrugated steel web beam

在工厂或现场预制制作的波形钢腹板梁。

3.3
混凝土湿接缝 concrete wet joint

预制梁体安装后,相邻梁体间采用现浇混凝土连接的部位。

3.4
装配式波形钢腹板梁桥 bridges with corrugated steel web beam

由预制波形钢腹板梁通过混凝土湿接缝连接装配而成的波形钢腹板梁桥。

3.5
二次预应力 second prestressing

预制梁体架设完毕,并在浇筑混凝土湿接缝后施加的预应力。

3.6
内衬混凝土 concrete liner

为防止波形钢腹板发生屈曲,在波形钢腹板组合梁桥支点附近一定范围内的波形钢腹板内侧设置的,并用连接件与波形钢腹板紧密连接的混凝土构件。

3.7
组合腹板段 girder segment with composite webs

设置内衬混凝土的波形钢腹板梁段。

4 总则

4.0.1 装配式波形钢腹板梁应在满足功能的前提下,实现预制构件的标准化,遵循少规格、多组合的原则。

4.0.2 主体结构的设计使用年限应符合 JTG D60 的规定。

4.0.3 装配式波形钢腹板梁桥结构的设计安全等级划分应符合 JTG D60 的规定。

4.0.4 装配式波形钢腹板梁桥的设计应符合 DB 41/T 643 及下列规定:
 a) 应采取有效措施加强梁体间的整体性;
 b) 截面设计应受力清晰,并应满足承载力和耐久性等要求;
 c) 应根据混凝土湿接缝的构造方式和材料性能确定整体计算模型;
 d) 应进行施工阶段验算。

4.0.5 波形钢腹板梁桥应根据其所处环境条件和设计使用年限进行耐久性设计,且应符合国家标准及行业标准的有关规定。

4.0.6 材料和工程质量应符合 JTG F80/1 和 JTG/T F50 的要求。

4.0.7 波形钢腹板成型、制造、涂装、试验、检验应符合 JT/T 784 的要求。

4.0.8 波形钢腹板防腐涂装应符合 JT/T 722 的要求。

4.0.9 波形钢腹板梁桥应设置维修养护通道预埋件和检修人孔,使用过程中应进行定期检查和养护。

5 材料

5.1 混凝土、钢筋和钢材

5.1.1 混凝土、普通钢筋和预应力钢筋的力学性能和耐久性等要求应符合 JTG D62 的规定。

5.1.2 钢材可采用符合 GB/T 700、GB/T 1591 或 GB/T 4171 质量要求的钢材,其力学性能指标和耐久性等要求应符合 JTG D64 的规定。

5.1.3 预应力混凝土预制构件的混凝土强度等级不宜低于 C50。

5.2 连接材料

5.2.1 高强度螺栓、螺母、垫圈的技术条件应符合 GB/T 1228、GB/T 1229、GB/T 1230 和 GB/T 1231 的规定。

5.2.2 焊钉的技术条件应符合 GB/T 10433 的规定。

5.2.3 高强度螺栓的预拉力与摩擦面抗滑移系数按 JTG D64 取值。

5.3 其他材料

5.3.1 结构用界面胶应符合 GB 50728 的规定。

5.3.2 硅酮、聚氨酯、聚硫建筑密封胶应分别符合 GB/T 14683、JC/T 482、JC/T 483 的规定。

6 设计

6.1 结构形式

6.1.1 装配式波形钢腹板梁桥宜采用图 1 中 a)、b)所示的二次成箱断面,c)、d)所示的一次成箱断面或 e)、f)所示的工字形断面。

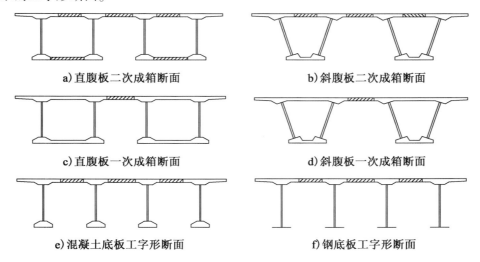

a) 直腹板二次成箱断面　　　　　　b) 斜腹板二次成箱断面

c) 直腹板一次成箱断面　　　　　　d) 斜腹板一次成箱断面

e) 混凝土底板工字形断面　　　　　f) 钢底板工字形断面

图 1 装配式波形钢腹板梁典型截面形式

6.1.2 装配式波形钢腹板梁截面的选择应考虑施工工艺、运输条件、吊装方案、便于维护等因素。

6.1.3 装配式波形钢腹板梁桥跨径大于 40m 时,宜采用箱形断面,箱体构造设计应满足维护人员内部检修需要。

6.1.4 装配式波形钢腹板梁桥采用工字形断面时,应进行抗扭及整体稳定性分析,并采取相应构造措施。

6.1.5 装配式波形钢腹板梁桥截面总体尺寸可参照常规预应力混凝土梁桥设计,梁高可采用较大值。

6.1.6 预制波形钢腹板梁底板采用混凝土结构时应采用预应力混凝土结构。

6.1.7 装配式波形钢腹板梁桥宜预留体外预应力钢筋转向装置与锚固装置。

6.2 截面尺寸

6.2.1 装配式波形钢腹板梁的高跨比宜在 1/18～1/15 之间。

6.2.2 混凝土顶板最小厚度不宜小于 18cm，混凝土底板最小厚度不宜小于 15cm，混凝土顶、底板与波形钢腹板连接部位的尺寸应满足剪力连接件布置的要求。

6.2.3 预制直腹板波形钢腹板梁采用工字形断面时，宜保持截面主惯性轴为竖直方向，考虑由截面主惯性轴倾斜（图2）引起的横向应力差与侧弯效应。

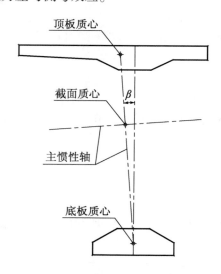

图 2　预制梁主惯性轴倾斜示意图

6.2.4 波形钢腹板的最小厚度不宜小于 9mm。

6.2.5 混凝土湿接缝最小宽度不宜小于 40cm。

6.2.6 预制波形钢腹板梁采用工字形断面时，应设置跨间横隔，并进行施工阶段整体稳定性验算。

6.2.7 预制波形钢腹板梁混凝土底板尺寸应满足预应力孔道与齿板布置的构造要求。

6.2.8 梁端顶、底板与波形钢腹板连接处应设置一定长度的加腋，不设内衬混凝土时加腋的长度不应小于支点梁高。

6.3 预制梁体

6.3.1 二次成箱的装配式波形钢腹板梁预应力钢筋宜分为一次预应力钢筋和二次预应力钢筋，一次预应力钢筋在主梁预制时张拉，二次预应力钢筋在主梁成箱后张拉，并符合下列规定：
   a) 一次预应力钢筋宜锚固在梁端，按照 JTG D62 的要求进行设置；
   b) 二次体内预应力钢筋的孔道宜设置在预制箱梁梁体内。

6.3.2 预制梁体可采用先张法或后张法施加预应力。

6.3.3 跨径大于 50m 时宜采用体内与体外混合配束方式。

6.3.4 负弯矩区预应力钢筋宜采用圆锚。

6.3.5 采用混凝土齿板进行锚固时，齿板宜设置于箱内。

6.3.6 混凝土齿板宜避开波形钢腹板；当空间受限，混凝土齿板需紧贴波形钢腹板时，混凝土齿板与波形钢腹板间宜采用焊钉连接（图3）。

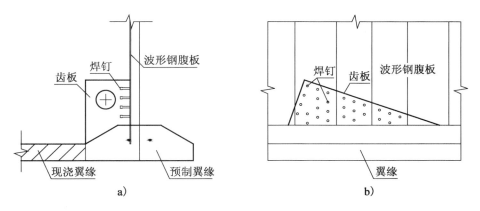

图3 混凝土齿板与波形钢腹板的连接形式

6.3.7 混凝土锚固位置应满足千斤顶张拉空间的需要。

6.3.8 预制梁体与混凝土湿接缝的预留连接钢筋长度应符合 JTG D62 的要求。

6.3.9 装配式波形钢腹板梁支点处宜设置内衬混凝土段。

6.3.10 预制梁存梁时间不宜超过3个月。

6.4 波形钢腹板与连接件

6.4.1 波形钢腹板的制造应采用冲压成型或模压成型的波形钢腹板。

6.4.2 不设置加劲肋时,波形钢腹板的高度不宜大于5m。

6.4.3 装配式波形钢腹板梁桥混凝土顶板与波形钢腹板之间的连接宜采用带翼缘板埋入式连接件或焊钉连接件(图4),混凝土底板与波形钢腹板间的连接宜采用埋入式连接件。

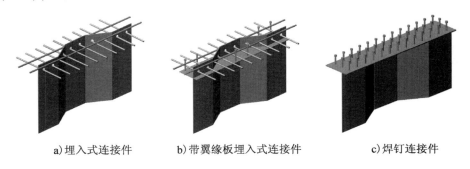

a) 埋入式连接件　　　b) 带翼缘板埋入式连接件　　　c) 焊钉连接件

图4 常用剪力连接件构造

6.4.4 波形钢腹板的焊接宜全部在工厂完成,现场节段间宜采用高强度螺栓连接。

6.4.5 波形钢腹板的平波段宜设置预埋锚栓或钢板以方便吊挂临时检修平台。

6.4.6 波形钢腹板与混凝土顶板、混凝土底板、内衬段混凝土的交接区域应采用弹性密封材料进行封闭处理,混凝土底板顶面应设置排水横坡。

6.4.7 采用带翼缘板埋入式连接件或焊钉连接件的波形钢腹板焊接时,波形钢腹板顶部宜切圆角,翼缘板纵向宜留有间隙(图5),翼缘钢板厚度不宜小于9mm。

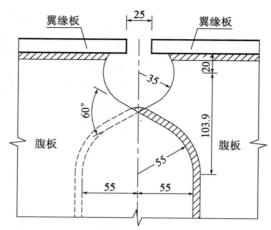

图 5 过焊孔位置连接构造示意(尺寸单位:mm)

6.5 混凝土湿接缝

6.5.1 湿接缝位置的混凝土强度不应低于预制构件的混凝土强度。

6.5.2 参与受力的顶、底板纵向湿接缝混凝土宜采用微膨胀混凝土。

6.5.3 受拉区湿接缝混凝土与预制梁体的连接应涂抹界面胶。

6.6 横隔

6.6.1 跨间横隔可兼作体外预应力钢筋的转向构件,但构造上应满足体外预应力钢筋的张拉、锚固与换索要求。

6.6.2 采用箱形截面时,箱内宜设置跨间横隔,并与箱外横隔位置一致。

6.6.3 跨间横隔采用混凝土横隔板时,最小厚度不宜小于20cm。

6.6.4 采用体外预应力钢筋时,锚固横梁厚度不宜小于1.2m。

7 计算

7.1 整体计算

7.1.1 波形钢腹板梁采用杆系单元进行受力分析时,可不考虑波形钢腹板的抗弯和抗拉压作用。

7.1.2 装配式波形钢腹板梁宜按A类预应力构件进行抗裂设计。

7.1.3 装配式波形钢腹板梁桥在计算时宜采用多单元法或联合截面法模拟预制梁与纵向湿接缝。当纵向湿接缝宽度较小时可采用单梁法,仅考虑湿接缝的自重而不考虑其强度与刚度。

7.1.4 装配式波形钢腹板梁采用单梁法进行整体分析时,应考虑汽车荷载的偏载效应:
 a) 腹板横向间距较小时可按横向分布理论考虑偏载效应;
 b) 腹板横向间距较大时应采用实体有限元模型分析偏载效应。

7.1.5 箱梁顶、底板有效宽度按 JTG D62 取值。

7.1.6 预应力损失按 JTG D62 取值。

7.1.7 温度梯度与整体升降温按 JTG D60 取值。

7.1.8 波形钢腹板的验算按 DB 41/T 643 的规定进行。

7.1.9 混凝土收缩徐变按 JTG D62 取值,并应考虑预制梁与湿接缝的龄期差。

7.1.10 波形钢腹板梁支座净距小于梁宽1/3时,应进行抗倾覆验算,抗倾覆安全系数不应小于3.0,且在作用标准组合下单向受压支座不应处于脱空状态。

7.1.11 装配式波形钢腹板梁应根据施工方法分阶段进行施工阶段验算。

7.2 纵向混凝土湿接缝计算

7.2.1 箱梁内顶板湿接缝宜按 A 类预应力构件设计,箱梁间顶板湿接缝可按钢筋混凝土构件设计。
7.2.2 底板湿接缝宜按 A 类预应力混凝土构件设计,按钢筋混凝土构件设计时,宜控制裂缝宽度不大于 0.15mm。

7.3 波形钢腹板与连接件计算

7.3.1 组合腹板段的波形钢腹板宜按承受 100% 截面剪力进行设计。
7.3.2 剪力连接件的抗剪验算应符合 DB 41/T 643 的规定。
7.3.3 带翼缘板埋入式连接件的抗剪承载力可按埋入式连接件进行计算,不宜计入焊钉连接件的承载力。

7.4 挠度计算

7.4.1 装配式波形钢腹板梁的挠度应计入剪切变形与荷载长期效应的影响。
7.4.2 装配式波形钢腹板梁挠度限值及预拱度的设置应符合 JTG D62 的规定。

8 施工

8.1 一般规定

8.1.1 梁体的预制施工及使用的材料应符合 JTG/T F50 的相关规定。
8.1.2 预制构件生产前,应对其技术要求和质量标准进行技术交底,并应制订生产方案;生产方案包括生产工艺、模具方案、生产计划、技术质量控制措施、成品保护、堆放及运输方案等内容。
8.1.3 施工顺序按照以下步骤进行:预制波形钢腹板梁→运输与架设波形钢腹板梁→浇筑混凝土湿接缝→张拉墩顶负弯矩预应力钢筋或二次预应力钢筋(含体外预应力钢筋)形成连续箱梁。
8.1.4 各项工序施工前应熟悉设计文件,领会设计意图,且应由设计单位进行技术交底。
8.1.5 各项工序施工前应进行全面施工调查,根据设计要求、预制精度要求及现场状况等编制施工组织设计。
8.1.6 预制梁体验收合格后方能出厂,出厂前应在表面明显位置进行标识,包括工程名称、施工单位名称、建设单位名称、梁体编号、生产日期等。
8.1.7 预制构件运输及架设前应对施工现场进行全面调查和核对,并应根据现场实际条件编制安装方案。
8.1.8 所有材料应按照相应标准进行试验和检测。
8.1.9 安装前,应对波形钢腹板的板块设计编号进行核对、并查验产品出厂合格证及材料的质量证明书。
8.1.10 钢结构部分施工前,应进行焊接工艺试验与评定,评定规则应符合 JTG/T F50 的规定。
8.1.11 钢板连接部分的二次涂装应在桥梁主体施工完成后及时进行。
8.1.12 波形钢腹板梁桥施工应进行施工过程控制,保证其内力、变形、线形及高程符合设计要求。

8.2 波形钢腹板安装与防腐

8.2.1 吊装前应做好波形钢腹板的定型加固,不得因吊装导致波形钢腹板变形。
8.2.2 以横隔板和转向体分段吊装拼接钢腹板时,宜在钢腹板两侧及翼缘板底部设置临时支撑架。
8.2.3 波形钢腹板拼装与埋设时可采取在波形钢腹板底部设临时千斤顶,微调波形钢腹板位置和线形使波形钢腹板定位准确,满足设计及规范允许的误差范围。

8.2.4 波形钢腹板制造应考虑预拱度、纵坡等参数,保证现场安装精度及成桥线形。
8.2.5 装配式波形钢腹板梁桥的尺寸和形状应符合下列规定:
   a) 应根据预制梁体的功能、安装部位、加工制作及施工精度等要求,确定合理的公差;
   b) 应满足制作、运输、堆放、安装及质量控制要求。
8.2.6 波形钢腹板吊装、定位、连接各环节应符合下列规定:
   a) 吊具的刚度应满足吊装需要,吊点应均匀布置;
   b) 应轻吊轻放、平稳支垫,并对连接件进行防护;
   c) 拼装过程中,应减少相邻钢腹板接缝偏差,贴合错口不宜超过2mm;
   d) 波形钢腹板的定位要求应符合表1的规定。

表1 波形钢腹板定位要求

项 目	规定值或允许偏差	要 求
波形钢腹板轴线偏差(mm)	±5	间隔2m测量3处
波形钢腹板间距偏差(mm)	±5	
波形钢腹板高度偏差(mm)	±5	
波形钢腹板横桥向垂直度	1/500	
波形钢腹板纵桥向坡度	1/500	

8.2.7 波形钢腹板施工质量检验应符合下列规定:
   a) 波形钢腹板的内外表面不得有凹陷、划痕、焊疤、电弧擦伤等缺陷,边缘应无毛刺。
   b) 焊缝应平滑,无裂纹、未溶合、夹渣、未填满弧坑、焊瘤等外观缺陷。
   c) 焊缝应根据其质量等级进行无损检测,无损检测应在外观检查合格且焊接完毕24h后进行。
8.2.8 波形钢腹板纵向节段间采用高强度螺栓连接时,波形钢腹板搭接面仅需涂装防滑防锈型无机富锌漆,高强度螺栓连接施工后应及时进行防腐涂装。
8.2.9 波形钢腹板施工现场涂装修复时底层涂刷环氧富锌漆代替工厂喷铝层,其他中层和面层做法不变,修复宽度以波形钢腹板现场连接施工时不破坏相邻涂层为准,各层修复厚度为原设计厚度的120%。
8.2.10 对波形钢腹板及翼缘板与大气环境接触的内外表面(即外露于混凝土的部分)均应进行防腐涂装。对于嵌入到箱梁混凝土的波形钢腹板,涂装表面应埋入混凝土2cm,并设置硅胶等止水材料进行封堵。横梁与波形钢腹板连接部分采用硅胶等止水材料密封,防止雨水、露水渗入。
8.2.11 波形钢腹板外侧与下翼缘板相接的10cm高度范围内,应在原有底漆上再增涂一层底漆。
8.2.12 波形钢腹板涂装面可采用喷雾、刷涂或粘贴薄膜等方法进行保护。混凝土浇筑时,不得将水泥浆及混凝土黏附到涂层上。

8.3 连接件施工

8.3.1 连接件安装前,外观应平整、无裂缝、无毛刺、无凹坑、无变形。
8.3.2 连接件固定前,应对连接件安装精度进行检查验收,固定后尚应检查连接件焊接质量及临时固定措施,当混凝土浇筑振捣时,不得发生偏移。
8.3.3 浇筑混凝土时,应通过工艺试验确定施工参数,验证混凝土性能及浇筑振捣工艺。
8.3.4 浇筑顶板混凝土前,应清除钢翼缘板上的铁锈、焊渣、泥土和其他杂物。
8.3.5 焊钉连接件表面不应有锈蚀、氧化皮、油脂、毛刺和裂纹等缺陷。
8.3.6 贯穿钢筋应顺直,其表面至孔边的距离不应小于混凝土集料最大粒径。
8.3.7 贯穿钢筋安装定位应符合下列规定:

a) 对于不设承托的混凝土板,可在模板安装完成后穿入贯穿钢筋,并利用普通钢筋进行精确定位。
b) 对于设置承托的混凝土板,可在穿入贯穿钢筋后安装模板,并利用普通钢筋进行精确定位。
c) 贯穿钢筋宜居中于预留孔,安装偏差不应超过5mm,且应垂直于开孔板并定位牢固。

8.3.8 混凝土粗集料宜采用5~20mm连续级配碎石,最大粒径不应超过25mm。

8.3.9 埋入式连接的接合钢筋与波形钢腹板的焊接连接应在工厂内完成。

8.4 梁体预制

8.4.1 梁体钢筋宜在专用胎架上制作并加工成型,胎架上支撑定位体系布置应保证主要受力钢筋不变形。

8.4.2 预制梁体模板应进行专项设计,宜采用钢模板,钢模板应满足承载力、刚度、稳定性、易脱模的要求,对拉螺杆宜采用高强精轧螺纹钢。

8.4.3 焊接钢筋时应避免钢绞线、波纹管及波形钢腹板被电焊烧伤。

8.4.4 底板横向需穿过波形钢腹板预留孔的钢筋,宜选择在波形钢腹板吊装定位前施工。

8.4.5 所有焊接宜于预应力管道埋置前进行。

8.4.6 波形钢腹板进行现场拼装时,在腹板两侧、垂直上方应搭设支撑架。

8.4.7 混凝土强度达到20MPa以上时方可拆模。

8.4.8 顶板横向需穿过波形钢腹板预留孔的钢筋,应于搭设顶板底模前穿过波形钢腹板预留孔。

8.4.9 底板预应力钢筋张拉前,应将钢绞线理顺、平行,严禁钢绞线相互交叉、缠绕。

8.4.10 张拉预应力时应按对称、均匀的原则进行。

8.4.11 二次张拉的预应力钢筋不宜在预制阶段穿入;当二次张拉的预应力钢筋在预制阶段穿入时,应采取防止锈蚀或其他防腐蚀的措施。

8.4.12 混凝土浇筑采用二次浇筑,第一次浇筑至底板与波形钢腹板连接处,第二次浇筑顶板,待混凝土强度与弹性模量均达到设计值的95%时施加预应力。

8.4.13 应制订具体的养生方案,采用蒸养方案时应进行温度控制,避免对波形钢腹板造成影响。

8.4.14 梁体预制应满足表2的要求。

表2 预制波形钢腹板梁检查项目

检查项目	规定值或允许偏差	检查方法和频率
混凝土强度(MPa)	应符合JTG/T F50的要求	按JTG/T F50的要求检测
梁长(mm)	+5,-10	尺量:每梁(板)
高度(mm)	+5,-0	尺量:检查3个截面
湿接缝宽(mm)	±20	尺量:检查3处
顶板宽(mm)		
底板宽(mm)		
顶板厚(mm)	+5,-0	尺量:检查3个截面
底板厚(mm)		
腹板或加腋(mm)		
表面平整度(mm)	5	2m直尺,每侧面每10m梁长测1处
横梁及预埋件位置(mm)	5	尺量:每件

8.4.15 预制梁体的制作流程按图6进行。

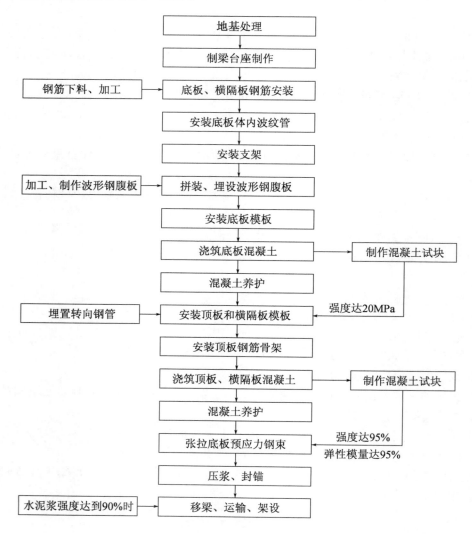

图 6 预制梁体的制作流程

8.5 堆放与运输

8.5.1 施工单位应根据预制构件大小、重量选择合理的吊装设备及运输车辆，运输前应对路线实地勘察并优选运输路线。

8.5.2 施工单位编制的吊装运输方案应符合JTG F90的要求，方案经相关单位审批后实施。

8.5.3 应制订预制构件的堆放与运输方案，其内容应包括堆放场地、运输时间、次序、运输线路、固定要求、堆放支垫及成品保护措施等。

8.5.4 预制构件的运输车辆应满足构件尺寸和载重要求，装卸与运输时应符合下列规定：
  a) 装卸构件时，应采取保证车体平衡的措施；
  b) 运输构件时，应采取防止构件移动、倾覆、变形、损坏的措施，对构件边角部或链索接触处混凝土宜设置保护衬垫。

8.5.5 预制构件堆放应符合下列规定：
  a) 堆放场地应平整、坚实，并应有排水措施；
  b) 吊装点应易于辨识，梁体标识宜朝向堆垛间的通道；

c) 构件支垫应坚实，垫块在构件下的位置宜与脱模、吊装时的起吊位置一致；
d) 堆放预应力构件时，应根据构件起拱值的大小和堆放时间采取相应措施。

8.6 安装

8.6.1 预制梁体宜采用吊车、架桥机或SMPT液压模块车等设备安装。

8.6.2 各类钢筋笼、各类构件(吊具、吊架、吊点等)的吊装方案应进行专项设计。

8.6.3 采取架桥机进行安装作业时，抗倾覆稳定系数不应小于1.3，架桥机过孔时，应将起重小车置于对稳定最有利的位置，抗倾覆稳定系数不应小于1.5。

8.6.4 预制构件在运输、吊装、安装等短暂设计状况下的施工验算，应将构件自重标准值乘以动力系数后作为等效静力荷载标准值。构件运输、吊运时，动力系数宜取1.2。

8.6.5 规模化施工前应选择有代表性的位置进行试安装，并根据试安装结果调整和完善施工方案。

8.7 混凝土湿接缝

8.7.1 预制梁体的湿接缝位置应进行凿毛处置，露出粗集料，凿毛深度不宜小于5mm。预制构件结合面疏松部分的混凝土应剔除并清理干净。

8.7.2 应选择日气温较低的时段浇筑湿接缝混凝土，并采取有效措施减小湿接缝位置混凝土的收缩徐变。

8.7.3 湿接缝混凝土强度达到85%设计强度前，不得在其上进行施工作业。

8.7.4 混凝土浇筑完成后，应在其收浆后尽快予以覆盖并洒水保湿养护。采用喷洒养护剂的方式进行养护时，所使用的养护剂不得对混凝土产生不利影响，且应通过试验验证养护效果。

8.7.5 混凝土湿接缝的浇筑，当采用吊模施工预制梁体间的湿接缝时，吊模应有足够的刚度以确保新旧混凝土之间平滑顺接；应采取措施消除新旧混凝土因浇筑时间不同造成的色差。